ARRÊTÉ
SUR LA DÉSERTION
ET
SUR LA COMPOSITION DES CONSEILS DE GUERRE SPÉCIAUX
PRÈS LES RÉGIMENS.

DU 19 VENDÉMIAIRE AN 12.

PARIS,
chez MAGIMEL, Libraire pour l'art militaire,
quai des Augustins, n° 73.

ARRÊTÉ

CONCERNANT les Dépôts de Conscrits déclarés réfractaires, la composition et la compétence des Conseils de Guerre spéciaux, la procédure devant ces Conseils et les peines contre la désertion.

Saint-Cloud, le 19 vendémiaire an 12.

LE Gouvernement de la République, sur le rapport du ministre de la guerre ; le conseil d'état entendu, arrête :

TITRE PREMIER.

Des dépôts de conscrits qui, n'ayant pas rejoint leurs corps, auront été déclarés conscrits réfractaires en exécution de la loi du 6 floréal an 11.

ARTICLE PREMIER.

En exécution de l'article X de la loi du 6 floréal an 11, il sera établi onze dépôts militaires pour les conscrits qui, en vertu de ladite loi, auront été condamnés comme réfractaires.

II. Ces dépôts seront établis dans les places ci-après désignées :

16e *division*. La citadelle de Lille, pour les conscrits de la 1re, de la 16e et de la 24e division ;

2e et 3e *divisions*. La citadelle de Givet, Charlemont, pour les 2e et 25e divisions ;

3e *division*. La place de Luxembourg, pour la 3e et la 4e ;

5ᵉ *division*. La citadelle de Strasbourg, pour la 5ᵉ et la 26ᵉ;

6ᵉ *division*. La citadelle de Besançon, pour les 6ᵉ, 18ᵉ et 19ᵉ;

7ᵉ *division*. La place de Briançon, pour les 7ᵉ, 8ᵉ, 9ᵉ et 23ᵉ;

10ᵉ *division*. La citadelle de Perpignan, pour la 10ᵉ;

11ᵉ *division*. La citadelle de Baïonne, pour les 11ᵉ et 20ᵉ;

12ᵉ *division*. La place de Saint-Martin-de-Ré, pour les 12ᵉ, 13ᵉ, 21ᵉ et 22ᵉ;

15ᵉ *division*. Le château de Caen, pour les 14ᵉ et 15ᵉ;

27ᵉ *division*. La citadelle d'Alexandrie, pour la 27ᵉ.

III. Les conscrits qui seront conduits dans lesdites places seront divisés en compagnies, composées de cent soixante hommes, officiers et sergens non compris.

Chacune de ces compagnies sera commandée par les officiers et sous-officiers ci-après désignés; savoir:

Un capitaine,
Un lieutenant,
Deux sous-lieutenans,
Un sergent-major,
Un fourrier,
Huit sergens.

Ces officiers et sous-officiers seront fournis, pour chaque compagnie, par un des corps d'infanterie stationnés dans l'une des divisions formant l'arrondissement du dépôt, au choix du général commandant la division où le dépôt sera établi.

Ces officiers et sous-officiers jouiront d'un supplément de traitement égal au tiers de leur solde.

IV. Les conscrits de chaque compagnie seront divisés en seize escouades: à la tête de chacune d'elles sera placé un caporal pris dans son sein, au choix du commandant de la place, sur la présentation de trois sujets, faite par le commandant de la compagnie.

V. Ces conscrits recevront le pain comme les autres troupes; ils recevront la même solde, sauf les deniers de poche, qui seront mis en masse, et tenus à la disposition du général commandant la division, pour être employés comme il sera dit ci-après.

VI. Ils seront logés dans une caserne particulière, et n'auront que des demi-fournitures.

VII. Ils seront constamment consignés dans leurs casernes, n'en sortiront qu'en troupes pour les corvées, les exercices et les travaux : lorsqu'ils auront obtenu la permission de sortir individuellement, ils seront toujours accompagnés par un sous-officier.

VIII. La garnison fournira toutes les gardes, les plantons, rondes et patrouilles nécessaires pour la police et la sûreté du dépôt : il sera fourni de plus, par les dépôts de gendarmerie des départemens formant chaque arrondissement, le nombre de brigades nécessaire pour prévenir l'évasion des conscrits réfractaires.

IX. Les dépôts de conscrits ne se trouveront jamais aux exercices et manœuvres de la garnison, ne feront point le service avec elle.

X. Leurs vêtemens auront la forme et les couleurs affectées à l'infanterie, mais sans paremens, collet ni revers distinctifs.

Leur unique coiffure sera un bonnet de police : leurs cheveux seront constamment tenus extrêmement courts. Ils auront des fusils sans baïonnette.

XI. Les conscrits seront, pour les fautes légères, condamnés, par leurs officiers et sergens, aux mêmes punitions de discipline que le reste des troupes; mais la durée en sera toujours augmentée.

Pour les fautes graves, ils seront déférés à un conseil composé du commandant de la place, du capitaine et du lieutenant de la compagnie. Ce conseil prononcera les punitions qu'il jugera les plus propres à réprimer les coupables ; le tout d'après l'instruction qui sera rédigée par le ministre de la guerre.

Pour les délits, ils seront déférés aux conseils de guerre institués par la loi du 13 brumaire an 5 ; et pour la désertion, ils seront traduits à un conseil de guerre spécial, formé dans la place du dépôt, et organisé ainsi qu'il sera dit ci-après.

XII. Il ne sera formé une seconde compagnie dans chaque dépôt, que du moment où la première sera complétée.

Lorsqu'il y aura deux compagnies formées, le commandement du dépôt appartiendra au capitaine de la première compagnie formée.

XIII. Le général commandant la division aura la faculté de faire relever, aussi souvent qu'il le jugera convenable, tout ou partie des officiers et sous-officiers attachés au dépôt. Ils seront relevés de droit, lorsque le corps dont ils feront partie sortira des divisions formant l'arrondissement du dépôt.

XIV. Les conscrits seront occupés chaque jour, ou à leur instruction, ou à des corvées dans les arsenaux, ou à la réparation des fortifications de la place, ou à d'autres travaux qui seront ouverts à cet effet. Ils ne recevront pour ces travaux ni solde ni traitement ; mais on tiendra note de ceux qui montreront le plus de zèle pour s'instruire et d'activité dans les travaux. Ces notes seront, lors de la revue, remises à l'inspecteur du dépôt.

XV. Chaque dépôt sera inspecté, une fois chaque trimestre, par un officier supérieur ou général délégué à cet effet par le général commandant la division.

Cet officier prendra des notes sur l'instruction, la tenue et la conduite de chaque conscrit, et les adressera au général divisionnaire.

Le général commandant la division inspectera lui-même, deux fois par an, chaque compagnie ; et, d'après les comptes qu'il recevra des capitaines, et les renseignemens qui lui auront été transmis par les inspecteurs qu'il aura nommés, il désignera ceux d'entre les conscrits réfractaires qui lui paroîtront dignes d'être incorporés dans l'armée. Ceux que, d'après son rapport, le ministre de la guerre aura jugés tels, seront conduits par des officiers et sous-officiers de la compagnie du dépôt, au corps de troupes à pied ou à cheval que le général divisionnaire déterminera, d'après les instructions du ministre de la guerre.

Le général divisionnaire pourra accorder des gratifications à ceux des conscrits réfractaires qui auront rempli, avec le plus d'intelligence et de fermeté, les fonctions de caporal, ou qui se seront fait distinguer par leur instruction et leur activité dans les travaux. Ces gratifications seront prises sur la masse des deniers de poche.

TITRE II.

Composition et compétence des conseils de guerre spéciaux.

XVI. Tout sous-officier et soldat accusé de désertion, et tout conscrit condamné comme réfractaire, qui, après avoir été traduit au dépôt, sera accusé de désertion, sera jugé par un conseil de guerre spécial.

XVII. Le conseil de guerre spécial sera composé de sept membres ; savoir :

Un officier supérieur,
Quatre capitaines,
Deux lieutenans.

Un officier d'état-major, ou de la gendarmerie, ou de la garnison, ayant au moins le grade de lieutenant, fera les fonctions de rapporteur et de commissaire du Gouvernement ; et un sous-officier à son choix, celles de greffier.

XVIII. Les membres du conseil de guerre et le rapporteur seront nommés par le commandant d'armes ou du lieu ; et à l'armée, par le général de brigade sous les ordres duquel sera le corps de l'accusé.

XIX. Les membres du conseil de guerre seront pris dans les différens corps de la garnison ; et à l'armée, dans les différens corps sous les ordres d'un même général de brigade. Ils seront commandés à tour de rôle et à l'ordre par ledit commandant d'armes ou général de brigade, la veille du jour où le conseil devra se réunir.

S'il n'y avoit dans la place, ou sous les ordres du général de brigade, que le corps de l'accusé, les membres du conseil de guerre spécial seroient tous pris dans ce corps; et s'il n'y en avoit pas assez pour former ledit conseil, il en seroit appelé un nombre suffisant de la garnison ou de la troupe la plus voisine.

XX. A moins de maladie bien constatée ou autre empêchement légitime, nul officier ne pourra refuser de remplir les fonctions auxquelles il aura été appelé près le conseil de guerre spécial, sous peine de destitution.

XXI. Le conseil de guerre spécial ne connoîtra que du crime de désertion, et des circonstances aggravantes ci-après exprimées.

XXII. Tout conseil de guerre spécial sera dissous dès qu'il aura prononcé sur le délit pour le jugement duquel il aura été convoqué.

Aucun des membres qui l'auront composé ne pourra être appelé de nouveau à un conseil de guerre spécial qu'à son tour de rôle.

Le même officier ne pourra remplir les fonctions de rapporteur dans deux affaires consécutives.

TITRE III.

Procédure devant le conseil de guerre spécial.

XXIII. Tout chef de corps ou de détachement militaire, dont un sous-officier ou soldat aura abandonné ou n'aura pas rejoint ses drapeaux, devra, sous peine de quinze jours d'arrêts forcés, et de plus forte peine s'il y a lieu, porter plainte contre ledit sous-officier ou soldat, dans les vingt-quatre heures qui suivront l'époque où, en exécution du titre II du présent arrêté, il devra être réputé déserteur.

Cette plainte sera portée, dans l'intérieur de la république, au commandant d'armes ou du lieu; et à l'armée, au général de brigade sous les ordres duquel sera le corps ou le détachement.

Copie de ladite plainte sera inscrite sur les registres des délibérations du conseil d'administration, dans les vingt-quatre heures où elle aura été portée: le chef du corps sera tenu d'annexer au registre le récépissé de la plainte, qui lui sera donné par le commandant d'armes ou le général de brigade.

XXIV. Les nom, prénom, lieu de naissance, domicile au moment où il est entré au service, âge, grade, signalement de l'accusé, le corps dont il fait partie, et le jour de sa désertion, seront expressément mentionnés dans la plainte. Les témoins y seront également désignés.

XXV. Le commandant d'armes ou du lieu, ou le général de brigade, suivant les cas ci-dessus exprimés, mettra au bas de la plainte: *Soit informé ainsi qu'il est requis.*

S'il croit devoir se refuser à donner cette autorisation, il mettra au bas de la plainte: *Il n'y a point lieu à informer;* il signera sa décision, et dans les vingt-quatre heures il en fera connoître les motifs au ministre, qui prononcera sans délai.

XXVI. S'il autorise l'information, le rapporteur qu'il aura nommé au bas de la plainte, s'occupera de suite à instruire le procès, de manière qu'en trois jours l'affaire soit jugée contradictoirement ou par contumace.

XXVII. Le rapporteur entendra de suite les témoins, interrogera le prévenu (s'il est arrêté); et s'il y a des preuves matérielles du délit, il les constatera.

XXVIII. Le témoin sera cité par une cédule signée du rapporteur; elle lui sera remise par une ordonnance.

XXIX. Les déclarations des témoins seront reçues, à la suite les unes des autres, sur un seul cahier.

XXX. Chaque déclaration sera signée du témoin,

du rapporteur et du greffier. Si le témoin ne sait ou ne veut signer, il en sera fait mention.

XXXI. Le rapporteur interrogera le prévenu sur ses nom, prénom, âge, lieu de naissance, domicile au moment de son entrée au service, sur le délit et sur ses circonstances.

XXXII. Il lui représentera, s'il y en a, les preuves matérielles du délit, pour qu'il déclare s'il les reconnoit.

XXXIII. S'il y a plusieurs prévenus dans une même affaire, le rapporteur les interrogera séparément. Chaque interrogatoire, rédigé sur un cahier séparé, sera clos par la signature de l'accusé, du rapporteur et du greffier. Si l'accusé ne sait ou ne veut signer, il en sera fait mention.

XXXIV. L'information étant terminée, le conseil de guerre sera assemblé.

Si le conseil ne trouve pas que l'instruction soit complète, il ordonnera un *plus amplement informé*, qui ne pourra être prolongé au-delà de deux fois vingt-quatre heures.

Si, outre le crime de désertion, le conseil trouve que l'accusé en a commis un plus sévèrement puni par les lois, il renverra l'accusé, la procédure et les pièces du procès par-devant le tribunal compétent; il en rendra compte au ministre.

Si au contraire le conseil trouve que l'accusé n'a pas commis le crime de désertion, mais un délit moins grave, après l'avoir acquitté du crime de désertion, il le renverra, pour être puni, au tribunal ou chef militaire compétent.

Tout tribunal auquel un conseil de guerre spécial aura renvoyé un accusé de désertion, comme en même-temps accusé d'un crime plus sévèrement puni par les lois, renverra l'accusé après son jugement, s'il n'est pas condamné à une peine plus grave que celles portées contre la désertion, au conseil de guerre spécial, pour prononcer sur le crime de désertion, dont la connoissance lui est expressément et privativement attribuée.

Il en sera usé de même par tout tribunal qui devra prononcer sur un individu accusé de désertion.

XXXV. Hormis dans le cas prévu dans le paragraphe II de l'art. XXXIV, le conseil de guerre, une fois assemblé, ne pourra désemparer avant d'avoir jugé le procès pour lequel il aura été convoqué. Il entendra la lecture de l'information, celle des pièces du procès, s'il y en a, l'interrogatoire de l'accusé, fera ensuite introduire dans la salle de la séance l'accusé, entendra les témoins, les conclusions du rapporteur, et enfin l'accusé.

XXXVI. Le président, au nom et de l'avis du conseil de guerre spécial, posera toutes les questions qui résultent de la plainte. Elles seront posées de la manière suivante :

« N . . . . est-il convaincu de s'être rendu coupable de crime de désertion ? »

« N . . . . est-il déserté à l'intérieur ? »

« N . . . . etc. »

Les questions relatives aux circonstances de la désertion seront présentées chacune séparément, sans qu'il soit nécessaire de commencer par les plus aggravantes.

XXXVII. Les questions étant définitivement posées en public, et en présence de l'accusé, celui-ci sera reconduit en prison. Le président se retirera ensuite avec les autres membres du conseil de guerre spécial, dans la salle voisine, ou bien il fera sortir les spectateurs; et les membres du conseil de guerre délibéreront, à huis clos, en présence seulement du rapporteur.

XXXVIII. Le président recueillera les voix en commençant par le grade inférieur, et par le moins ancien dans chaque grade : il émettra son opinion le dernier. Chacun des juges émettra son opinion par écrit, et la signera.

XXXIX. Si l'accusé est acquitté, il sera renvoyé à son corps, pour y reprendre son service.

S'il est déclaré déserteur, le conseil le condamnera aux peines portées contre les coupables de ce crime.

XL. Le jugement sera rendu à la majorité absolue des voix, et inscrit sur un registre à ce destiné et appartenant au corps du prévenu. L'information et les autres pièces du procès seront transcrites sur le même registre, et y seront annexées. L'énoncé du jugement rappellera les nom, prénom, lieu de naissance, domicile, âge, grade et signalement de l'accusé.

XLI. Il est expressément défendu au conseil de guerre spécial, sous peine de forfaiture, de commuer ni de diminuer les peines ci-après portées contre les déserteurs.

XLII. Les jugemens des conseils de guerre spéciaux ne seront sujets ni à appel, ni à cassation, ni à révision : ils seront exécutés à la diligence du rapporteur, et, en ce qui concerne l'amende, à celle de l'administration des domaines et de l'enregistrement, ainsi qu'il sera dit ci-après.

XLIII. Les conseils de guerre spéciaux tiendront leurs séances chez le commandant d'armes de la place, qui sera tenu de chauffer et éclairer le lieu de la séance, sans qu'il puisse pour cela réclamer aucune somme ni dédommagement.

Dans les lieux où il n'y aura pas de commandant d'armes en titre, la séance se tiendra à l'hôtel de la marine, et aux frais de la commune;

A l'armée, sous une tente qui sera dressée à cet effet.

TITRE IV.

Des peines contre la désertion.

XLIV. Les peines de la désertion seront, suivant les circonstances du délit,

1°. La mort;
2°. Le boulet;
3°. Les travaux publics;
4°. L'amende dans tous les cas.

TITRE V.

De la peine de mort.

XLV. Les déserteurs condamnés à la mort continueront à être passés par les armes.

L'amende à laquelle ils seront condamnés sera recouvrée ainsi qu'il sera dit titre VIII.

TITRE VI.

De la peine du boulet.

XLVI. Les condamnés à la peine du boulet seront employés, dans les grandes places de guerre, à des travaux spéciaux.

Ils traîneront un boulet de huit, attaché à une chaîne de fer de deux mètres et demi de longueur.

Ils travailleront huit heures par jour, depuis le 1er brumaire jusqu'au 1er germinal, et dix heures pendant le reste de l'année. Leurs ateliers seront toujours isolés de tous autres ateliers.

Ils porteront un vêtement particulier, dont la forme et les couleurs différeront absolument de la forme et des couleurs affectées à l'armée : ils n'auront que des sabots pour chaussure.

Ils ne pourront ni couper ni raser leur barbe : leurs cheveux et leurs moustaches seront rasés tous les huit jours.

Hors le temps des travaux, ils seront détenus et enchaînés dans des prisons particulières destinées à cet effet.

XLVII. Le ministre de la guerre déterminera le nombre de places dans lesquelles il y aura des condamnés au boulet ; celui des condamnés au boulet qui seront dans chaque place ; les travaux auxquels ils seront employés ; l'étoffe, la forme et la couleur de leurs vêtemens ; leur régime, police et discipline en santé et en maladie, dans leurs prisons et pendant leurs travaux : il déterminera enfin le nombre, l'espèce et la solde de leurs surveillans, et la manière de prévenir leur évasion.

Il sera successivement désigné au moins dix places de guerre dans lesquelles des condamnés au boulet seront détenus.

XLVIII. Les journées des condamnés au boulet leur seront payées moitié moins que celles des journaliers ordinaires du pays.

Un tiers des sommes que chaque condamné au boulet aura gagnées lui sera remis pour être employé à améliorer sa nourriture; un tiers lui sera remis au moment où il sera mis en liberté; le dernier tiers restera à la disposition du ministre de la guerre, pour subvenir à une partie des dépenses des condamnés au boulet.

XLIX. Il sera passé chaque année une revue des condamnés au boulet, par un inspecteur délégué à cet effet par le ministre de la guerre. Cet inspecteur, après avoir recueilli tous les renseignemens relatifs à la subordination, à la conduite et à l'activité dans les travaux de chacun des condamnés au boulet, désignera, dans son rapport au ministre de la guerre, ceux qui lui paroîtront avoir des titres à l'indulgence du Gouvernement. Le ministre fera son rapport au premier Consul, qui prononcera.

L. Il est expressément défendu à qui que ce soit de procurer aux condamnés au boulet d'autres vêtemens que ceux qui leur seront assignés, de leur en laisser porter d'autres, de leur couper ou faciliter les moyens de couper leur barbe, d'exciter ou de favoriser leur évasion de toute autre manière.

Sera réputé fauteur de désertion, et, comme tel, puni, par voie de police correctionnelle, des peines portées par la loi du 24 brumaire an 6, tout individu convaincu de leur avoir procuré ou laissé porter d'autres vêtemens que ceux qui leur seront assignés, de leur avoir fourni ou facilité les moyens de couper ou raser leur barbe, ou d'avoir de toute autre manière excité ou favorisé leur évasion.

Tout individu qui aura arrêté un condamné au

boulet qui s'évadera, recevra une gratification de *cent francs*.

La peine de tout condamné au boulet qui révélera un complot d'évasion formé par un ou plusieurs desdits condamnés, sera commuée en celle des travaux publics.

Tout condamné au boulet qui s'évadera sera condamné par la commission qui sera désignée ci-après, soit à une détention double de celle qu'il devoit subir, soit à traîner deux boulets pendant tout le temps de sa détention.

11. Les peines de discipline et police seront prononcées, contre les condamnés au boulet, par le commandant de la place, d'après une instruction dressée à cet effet par le ministre de la guerre.

Pour les délits graves qu'ils pourront commettre, ils seront déférés à une commission militaire composée du commandant de la place et des quatre officiers supérieurs les plus anciens du grade le plus élevé dans la garnison. Le commandant de la gendarmerie, dans ladite place, fera, près de cette commission, les fonctions de rapporteur. Cette commission les condamnera, suivant la nature et la gravité du délit, soit à la mort, soit à une plus longue détention, soit au double boulet pendant un temps déterminé. Le jugement de la commission ne pourra être exécuté qu'avec l'approbation du général commandant la division.

Toutes les fois qu'un condamné au boulet aura été condamné par la commission ci-dessus, soit au double boulet, soit à une plus longue détention, il lui sera fait, par son jugement, défense, sous peine de deux ans de fers, de fixer sa résidence, lorsqu'il aura été mis en liberté, à moins de vingt lieues de la ville où siége le Gouvernement. Cette peine lui sera infligée par le conseil de guerre devant lequel il sera traduit.

TITRE VII.

De la peine des travaux publics.

LII. Les déserteurs condamnés aux travaux publics seront employés, soit à des travaux militaires, soit à des travaux civils.

Ils ne porteront ni chaînes ni fers, que lorsqu'ils y auront été momentanément condamnés par mesure de police ou discipline.

Ils travailleront le même nombre d'heures que les ouvriers du pays.

Leurs vêtemens pourront conserver quelque chose des formes militaires, mais différeront des couleurs affectées à l'armée et de celles qui le seront aux condamnés aux boulets : ils porteront des souliers.

Ils ne pourront ni couper ni raser leur barbe ; ils conserveront leurs moustaches ; leurs cheveux seront rasés tous les huit jours.

Ils seront ou logés dans des casernes particulières, qui n'auront aucune communication avec celles de la garnison, ou bien campés ou baraqués proche de leurs travaux.

Dans leurs casernes, ils auront des demi-fournitures ; dans leurs tentes ou baraques, les effets ordinaires de campement.

Ils recevront le pain militaire et une ration de riz ou légumes secs.

LIII. Chaque atelier sera composé de soixante-douze hommes, et sera divisé en six sections.

Il y aura pour chaque atelier une garde de police et de sûreté, composée de sous-officiers et gendarmes pris dans les dépôts de ce corps.

La force en sera réglée par le ministre de la guerre.

Ces sous-officiers et gendarmes recevront une augmentation de traitement d'un quart en sus.

Chaque section sera commandée par un chef de section pris parmi les condamnés.

Le chef de section aura un traitement particulier de dix centimes par jour.

Il ne sera formé un second atelier que lorsque le premier sera complet. Lorsqu'il y aura plusieurs ateliers formés, on n'en formera de nouveaux qu'après avoir complété les premiers.

Le ministre de la guerre et le ministre de l'intérieur se concerteront à l'effet de procurer sans cesse du travail aux ateliers ; mais on ne mettra jamais plus de quatre ateliers les uns à portée des autres.

Le ministre de la guerre déterminera la forme et la couleur des vêtemens des condamnés aux travaux, leur régime, police et discipline, tant en santé qu'en maladie, dans leurs camps ou casernes, et pendant leurs travaux, et donnera tous les ordres nécessaires pour prévenir leur évasion.

Les journées des déserteurs condamnés aux travaux seront payées un quart moins que celles des journaliers ordinaires du pays.

Le prix de ces travaux sera réparti ainsi qu'il est dit article XLVIII.

Il sera passé, tous les six mois, une revue de chaque atelier, par un inspecteur délégué à cet effet par le ministre de la guerre. Cet inspecteur désignera dans son rapport au ministre ceux des condamnés qui lui paroîtront dignes, par leur conduite, leur subordination, leur activité aux travaux, d'obtenir leur grace. Le ministre fera son rapport au premier Consul, qui prononcera.

LIV. Les § I et II de l'article L, relatifs aux fauteurs de désertion des condamnés au boulet, sont déclarés communs aux fauteurs de désertion des condamnés aux travaux publics.

Tout individu qui arrêtera un condamné aux travaux qui s'évadera, recevra une gratification de *cent francs.*

Tout condamné aux travaux qui révélera un complot d'évasion formé par un ou plusieurs condamnés aux travaux, recevra *sa grace.*

LV. Les peines de discipline et police seront prononcées contre les condamnés aux travaux, par le maréchal des logis de gendarmerie chargé de la surveillance de l'atelier, et ce, d'après une instruction rédigée à cet effet par le ministre de la guerre.

Pour les délits graves, ils seront traduits devant une commission militaire composée ainsi qu'il est dit article LI. Cette commission les condamnera, suivant la nature et la gravité du délit, soit à la mort, soit à la peine du boulet, pendant un temps qui ne pourra excéder dix ans, soit à une prolongation à la peine des travaux publics. Le jugement de la commission ne pourra être exécuté qu'avec l'approbation du général commandant la division.

TITRE VIII.

De la peine de l'amende.

LVI. Conformément à la loi du 17 ventôse an 8, tout déserteur sera condamné à une amende de *quinze cents francs*.

LVII. Dans la huitaine qui suivra la condamnation d'un déserteur, le commandant du corps enverra au ministre deux copies du jugement. Ces copies seront certifiées conformes à l'original par le commandant d'armes ou du lieu, ou par le général de brigade qui aura assemblé le conseil de guerre.

LVIII. Le ministre de la guerre légalisera l'une de ces copies, et l'enverra au directeur-général de l'administration de l'enregistrement et des domaines, pour faire poursuivre le paiement de l'amende par les voies prescrites par la loi du 17 ventôse an 8.

Le ministre de la guerre adressera, chaque mois, au ministre du trésor public, un état nominatif de tous les déserteurs condamnés à l'amende pendant le mois précédent. Cet état fera connoître le département dans lequel se feront les poursuites, et le corps auquel l'amende devra être payée.

LIX. Il est alloué à l'administration de l'enregistrement, pour remises et frais, *cinq centimes* sur la recette desdites amendes. Ces amendes seront versées directement, par les préposés de la régie, aux receveurs d'arrondissement, qui s'en chargeront en recette. Ils en délivreront récépissé particulier et par duplicata. Le duplicata de ce récépissé sera adressé par la régie au conseil d'administration du régiment ou du corps auquel le condamné appartenoit.

Le produit desdites amendes sera délivré aux conseils d'administration par le trésor public, sur la demande qu'ils en feront au ministre de ce département, appuyée du duplicata du récépissé dont l'envoi leur aura été fait.

Ce paiement sera ordonnancé en conformité de l'arrêté du 26 floréal an 11.

LX. Il sera accordé au greffier du conseil de guerre spécial, *dix francs* pour la totalité des actes qu'il rédigera dans une même affaire jugée contradictoirement, soit auprès du rapporteur, soit auprès du conseil de guerre, y compris la transcription de la minute de la procédure et des autres pièces du procès sur le registre à ce destiné, les copies du jugement pour le ministre de la guerre, celle qui doit être déposée au lieu où sera détenu le condamné, et celle pour le général de la division.

Lorsque l'affaire aura été jugée par contumace, le greffier n'aura que *six francs*.

LXI. Les membres du conseil de guerre spécial et le rapporteur n'auront droit, en raison de leurs fonctions respectives, à aucune indemnité, ni gratification, ni traitement; ils les exerceront gratuitement:

LXII. Les militaires, les inspecteurs aux revues, les commissaires des guerres, les employés à l'armée ou à sa suite, qui reçoivent directement de la république un traitement d'activité, appelés en témoignage, ne pourront prétendre, à raison de leur déplacement, soit pendant le voyage, soit pendant le séjour, qu'à l'indemnité de route fixée à leur grade respectif.

LXIII. Les citoyens non militaires et les employés à l'armée ou attachés à sa suite, auxquels la république ne paie directement aucun traitement d'activité, recevront, lorsqu'ils seront appelés en témoignage, une indemnité de *deux f. ancs cinquante centimes* par jour du voyage ou du séjour.

LXIV. Il sera également accordé une indemnité aux interprètes, laquelle ne pourra excéder *six francs* par séance entière de jour, et *neuf francs* de nuit, non compris la traduction des pièces de conviction, dont le prix sera évalué séparément, et suivant la nature du travail, par le conseil de guerre spécial.

LXV. Les indemnités prescrites par les articles précédens, ainsi que les gratifications accordées par les arrêtés du Gouvernement aux gendarmes et préposés aux douanes qui auront arrêté un déserteur, seront payées par le corps du condamné; savoir, au témoin, sur la représentation de la citation au bas de laquelle le rapporteur aura fixé le montant de la taxe; à l'interprète, sur la représentation de la citation en vertu de laquelle il aura été appelé pour remplir les fonctions d'interprète, et au bas de laquelle le conseil de guerre aura fixé le montant de ce qui lui est dû; au gendarme ou préposé aux douanes, sur la représentation du procès-verbal d'arrestation; et au greffier, lors de la remise des pièces. Les sommes ci-dessus seront prélevées sur le produit des amendes que les déserteurs condamnés doivent payer.

LXVI. Il sera tenu, dans chaque corps, un état du produit desdites amendes, et des dépenses qui auront eu lieu en exécution de l'article précédent. L'excédant desdites dépenses sera, conformément à l'article XII du 17 ventôse an 8, uniquement destiné, par les corps, à remplacer, par enrôlemens volontaires, les déserteurs condamnés.

TITRE IX.

Application des peines contre la désertion.

LXVII. Sera puni de mort,

1°. Le déserteur à l'ennemi;

2°. Tout chef de complot de désertion;

3°. Tout déserteur étant en faction ;

4°. Tout déserteur qui aura emporté ses armes ou celles de ses camarades (1) ;

5°. Tout déserteur à l'étranger, qui y aura pris du service, ou qui y sera passé une seconde fois ;

6°. Tout condamné au boulet ou aux travaux, qui se sera rendu coupable de révolte ou soulèvement contre ses surveillans, ses chefs ou la garde ; qui aura commis un crime puni, par le code pénal ou par le code militaire, de la mort ou des fers.

LXVIII. Seront réputés déserteurs à l'ennemi ceux qui ont été qualifiés comme tels par la loi du 21 brumaire an 5.

Seront réputés chefs de complot ceux qui ont été qualifiés comme tels par la loi précitée.

LXIX. Seront punis de la peine du boulet,

1°. Le déserteur à l'étranger ;

2°. Le déserteur à l'intérieur, qui aura emporté des vêtemens ou des effets appartenant à ses camarades.

3°. Le déserteur à l'intérieur, qui, à l'avenir, aura déserté plus d'une fois ;

4°. Le déserteur des travaux publics ;

LXX. La durée de la peine du boulet sera toujours de dix ans, et sera augmentée de deux ans pour chacune des circonstances ci-après ; savoir :

1°. Si la désertion n'a pas été individuelle ;

2°. Si le coupable étoit d'un service quelconque, ou s'il a escaladé les remparts ;

3°. S'il est déserté de l'armée, ou d'une place de première ligne.

LXXI. Sera réputé déserteur à l'étranger tout sous-officier ou soldat qui, sans ordre ou permission par écrit de son supérieur, aura franchi les limites fixées par le commandant de la troupe dont il fait partie, et qui sera arrêté dans les deux lieues de l'extrême frontière, allant vers cette frontière, lorsque sa famille

---

(1) Voir page 24 l'arrêté du conseil d'état du 17 ventôse relatif à cet article.

n'aura pas son domicile dans ledit espace de deux lieues et du côté où il se dirigeoit.

LXXII. La désertion à l'intérieur sera punie de la peine des travaux publics.

La durée de la peine des travaux publics sera toujours de trois ans ; mais elle sera augmentée de deux ans pour chacune des circonstances suivantes :

1°. Si la désertion n'a pas été individuelle ;

2°. Si le coupable étoit d'un service quelconque, ou s'il a escaladé les remparts ;

3°. S'il est déserté de l'armée, ou d'une place de première ligne ;

4°. S'il a emporté des effets fournis par l'état ou par le corps.

LXXIII. Pendant la guerre, sera réputé déserteur, tout sous-officier ou soldat qui aura abandonné son corps sans permission, ou qui ayant obtenu un congé, n'aura pas rejoint après l'expiration dudit congé.

Sera réputé avoir abandonné son corps, celui qui, à l'armée ou dans une place de guerre, en sera absent depuis vingt-quatre heures, et en tout autre lieu depuis quarante-huit heures.

Sera réputé n'avoir pas rejoint après l'expiration de son congé, celui qui aura dépassé de huit jours la durée dudit congé.

LXXIV. Pendant la paix, sera réputé déserteur, tout sous-officier ou soldat qui, ayant plus de six mois de service, aura abandonné son corps depuis trois fois vingt-quatre heures dans un camp ou une place de guerre, et depuis huit jours dans tout autre lieu, ou qui aura dépassé de quinze jours la durée de son congé.

Celui qui, ayant moins de six mois de service, abandonnera son corps dans un camp ou une place de guerre, ne sera déclaré déserteur qu'après quinze jours d'absence, et qu'après un mois dans tout autre lieu.

Celui qui aura moins de six mois de service, et qui aura obtenu un congé, ne sera déclaré déserteur qu'après un mois du jour de l'expiration de son congé.

Ne pourront prétendre à jouir des jours de repentir accordés par le présent article aux individus qui auront moins de six mois de service, ceux dont la désertion n'aura pas été individuelle; ceux qui auront déserté étant de service, et ceux qui auront emporté leur habit. Ils seront dénoncés comme déserteurs après le temps fixé pour ceux qui ont plus de six mois de service.

LXXV. Sera déclaré déserteur et puni comme tel, tout conscrit qui, condamné comme réfractaire et comme tel conduit à l'un des dépôts formés en exécution du présent arrêté, s'en sera absenté depuis vingt-quatre heures, ou aura abandonné depuis le même temps le détachement dont il faisoit partie.

TITRE X.

De l'execution des jugemens.

LXXVI. Tout déserteur condamné à la mort sera exécuté ainsi qu'il a été prescrit par les lois antérieures.

LXXVII. Tout déserteur condamné au boulet sera conduit à la parade le lendemain du jour où il aura été jugé.

Il y paroîtra traînant le boulet, et revêtu de l'habillement des condamnés au boulet.

Il entendra la lecture de sa sentence à genoux et les yeux bandés. Il parcourra, toujours les yeux bandés, le front entier des gardes et de son corps, qui sera en bataille.

Le corps dont il faisoit partie défilera ensuite devant lui à la tête des gardes du jour : sa compagnie marchera la première.

LXXVIII. Le déserteur condamné aux travaux publics arrivera à la parade revêtu de l'habillement prescrit aux condamnés aux travaux publics. Il entendra sa sentence debout, n'aura point les yeux bandés; il ne parcourra ni le front de la parade, ni celui de son corps; les gardes et son corps défileront devant lui.

LXXIX. Les déserteurs condamnés partiront dans les vingt-quatre heures, sous l'escorte de la gendarmerie ; ils seront conduits directement au lieu où ils devront subir leur peine.

LXXX. Les gendarmes chargés de conduire les condamnés dans les places ou autres lieux où ils devront être mis aux travaux publics ou au boulet, seront porteurs, sous peine d'un mois de prison, d'une copie en forme du jugement de chaque condamné.

Cette copie sera enregistrée par le commissaire des guerres, et, à son défaut, par le maire du lieu, sur un registre établi à cet effet, et y demeurera annexée. Le commandant d'armes ou du lieu signera cet enregistrement.

TITRE XI.

De la cessation de la peine.

LXXXI. Il sera délivré une cartouche rouge à tout condamné au boulet qui sera mis en liberté, après avoir subi le nombre d'années de détention auquel il aura été condamné : cette cartouche portera qu'il est libéré de la peine du boulet. La cartouche de celui qui ne devra point fixer sa résidence à moins de vingt lieues de l'endroit où siégera le gouvernement, en fera mention.

Sa cartouche lui sera délivrée par le surveillant des condamnés, visée par le commandant d'armes et par le commissaire des guerres, approuvée par le général commandant la division.

Il sera fait mention de la délivrance de la cartouche dans le registre, à la marge de l'enregistrement du jugement.

LXXXII. Tout condamné au boulet, dont la peine aura été commuée en celle de travaux publics, ne recevra point de cartouche: copie des lettres de commutation de peine qui lui auront été accordées, sera inscrite à la marge de l'enregistrement de son jugement de condamnation. Il sera conduit par la gendarmerie à l'atelier des travaux publics désigné par le ministre de la guerre.

LXXXIII. Tout condamné aux travaux publics qui aura subi sa peine ou obtenu sa grace, sera mis en liberté : il recevra une cartouche sur papier blanc, portant qu'il a expié sa peine, et qu'il est, à compter de ce jour, à la disposition du Gouvernement pendant huit ans.

Il sera de suite placé dans le corps de troupes qui sera indiqué par le ministre de la guerre. Il y sera inscrit au moment de son arrivée, comme un recrue ordinaire, et traité de même. Il ne sera fait sur les contrôles du corps aucune mention de la peine qu'il aura subie.

Sa cartouche lui sera délivrée par le maréchal des logis de la gendarmerie, visée par le commandant d'armes et par le commissaire des guerres, approuvée par le général commandant la division. Il sera fait mention de la délivrance de la cartouche à la marge de l'enregistrement du jugement.

TITRE XII.

Dispositions générales.

LXXXIV. Lecture du premier arrêté sera faite, le premier dimanche de chaque mois, à tous les corps de l'armée françoise.

LXXXV. Pareille lecture sera faite, aux mêmes époques, aux condamnés aux travaux publics et aux condamnés au boulet.

LXXXVI. Toutes dispositions contraires au présent arrêté sont abrogées.

LXXXVII. Les ministres sont, chacun en ce qui les concerne, chargés de l'exécution du présent arrêté, qui sera inséré au Bulletin des Lois.

Le premier consul, signé BONAPARTE. Par le premier consul, *le secrétaire d'état, signé* H. B. MAR T. *Le ministre de la guerre, signé* ALEX. BERTHIER.

Certifié conforme :

Le Grand-Juge, ministre de la justice,

REGNIER.

CONSEIL D'ÉTAT.

Extrait du Registre des Délibérations, Séance du 17 ventôse, an 12 de la République.

Le Conseil d'État, qui, d'après le renvoi du Gouvernement, a entendu le rapport de la section de la guerre sur celui du Ministre chargé de ce département, tendant à faire décider si le déserteur qui n'a emporté qu'une partie de ses armes ou de celles de ses camarades doit être puni de mort en vertu de l'art. LXVII de l'arrêté du 19 vendemiaire en 12;

Vu l'article LXVII de l'arrêté precité, qui s'exprime ainsi qu'il suit :

« Sera puni de mort tout déserteur qui aura emporté ses « armes ou celles de ses camarades ;

Considerant, 1°. que le mot *ses* a toujours emporté l'idée de la totalité des objets dont il s'agit, et non celle d'une partie desdits objets ;

2°. Que les armes à feu constituent essentiellement l'armement des troupes françoises ; que ce sont les seules qui puissent être très-dangereuses dans les mains des déserteurs, celles dont la conservation importe le plus à l'État, celles que le déserteur ne peut emporter qu'avec le projet bien formel, ou de nuire aux citoyens et à l'État, ou d'opposer une forte résistance aux individus chargés d'arrêter les déserteurs ;

3°. Enfin, que si l'on peut laisser fléchir la rigueur des lois en faveur des déserteurs qui n'ont emporté que leur propre sabre ou baïonnette, il est impossible d'user de la même indulgence en faveur de ceux qui ont emporté même une seule des armes blanches de leurs camarades ;

Est d'avis que le n°. 4 de l'article LXVII de l'arrêté du 19 vendémiaire an 12, doit être rédigé ainsi qu'il suit :

« Sera puni de mort,

« Tout déserteur qui aura emmené son cheval ou celui « d'un militaire quelconque;

« Tout déserteur qui aura emporté son arme ou ses armes « à feu ;

« Tout déserteur qui aura emporté, soit une arme à feu « soit une arme blanche de l'un de ses camaredes ;

« L'enlèvement de la baïonnette, ou celui du sabre seront « considérés comme circonstance aggravante de la déser-

» tion; et en conséquence la durée de la peine du bou-
» let et celle des travaux publics sera augmentée de deux
» ans contre le déserteur qui aura emporté son sabre ou sa
» baïonnette. «

Le premier Consul, signé BONAPARTE. Par le premier Consul : *le Secrétaire d'Etat*, signé HUGUES B. MARET.

Le Ministre de la Guerre,
Signé, ALEX. BERTHIER.

FORMULES

ET

INSTRUCTION

Rédigées par le Ministre de la guerre, pour l'exécution de l'Arrêté du 19 vendémiaire an 12, portant création des Conseils de Guerre spéciaux.

Iere FORMULE.

PLAINTE (1).

Au citoyen commandant d'armes de la place d division militaire de l'intérieur (2).

(1) L'article XXIII, titre III, de l'arrêté du Gouvernement du 19 vendémiaire an 12, est conçu ainsi qu'il suit :

» Tout chef de corps ou » de détachement militaire, dont un sous-officier ou soldat aura abandonné ou n'aura pas » rejoint ses drapeaux, » devra, sous peine de » quinze jours d'arrêts » forcés, et de plus forte » peine, s'il y a lieu, » porter plainte contre ledit sous-officier ou soldat dans les vingt-quatre » heures qui suivront l'époque où, en exécution » du titre IX du présent » arrêté, il devra être réputé déserteur. »

(1) A l'armée, cette plainte doit toujours être

adressée au général de brigade sous les ordres duquel se trouve le corps ou le détachement dont fait partie l'accusé.

Dans les divisions militaires de l'intérieur, elle doit être adressée au commandant d'armes de la place dans laquelle se trouve le corps ou le détachement dont fait partie l'accusé, et, à défaut de commandant d'armes, au commandant du lieu.

(3) Si celui qui porte plainte n'est pas colonel, il fera mention du corps ou du détachement militaire dont il est chef.

(4) Si l'accusé est déserteur pour avoir dépassé son congé, et n'avoir pas rejoint dans le délai de faveur accordé par l'arrêté précité, au lieu des mots *a abandonné ses drapeaux le du mois de an et n'a plus reparu au corps depuis cette époque*, il faut mettre : *Ayant obtenu un congé limité pour en jouir à dater du du mois de an jusqu'au du mois de suivant, en a dépassé la durée, et n'a pas rejoint dans le délai de faveur accordé par le tit. IX de*

Le citoyen colonel (3) du (*mettre le numéro du régiment*) régiment de (*désigner l'arme*), a l'honneur de vous représenter que (*mettre les nom et prénoms du déserteur*), né à département d âgé de (*mettre ici son grade et son signalement, et désigner le corps dont il fait partie*), a abandonné ses drapeaux (4) le du mois de

l'arrêté du 19 vendémiaire an 12.

(5) Indiquer l'heure de la disparition.

(6) En général, les témoins doivent être des sous-officiers et des soldats de la compagnie de l'accusé ; ou si l'accusé a déserté étant de garde, des sous-officiers et des soldats de cette même garde.

an (5), et n'a pas reparu au corps depuis cette époque (*si la désertion de l'accusé est accompagnée de circonstances aggravantes, il faut les énoncer ici ; il faut en outre indiquer les témoins* (6), *et si l'accusé a été arrêté, indiquer la prison dans laquelle il est détenu.*)

Pourquoi il vous mande qu'il en soit informé, afin que ledit (*mettre ici le nom du déserteur*), soit ensuite jugé conformément à l'arrêté du gouvernement du 19 vendémiaire an 12.

Il vous demande en outre de lui donner un récepissé de la présente plainte, afin de l'annexer, ainsi qu'il est prescrit par l'article XXIII, titre III de l'arrêté précité, au registre des délibérations du conseil d'administration, sur lequel registre copie de ladite plainte sera inscrite sous vingt-quatre heures.

Fait à le du mois de an de la république françoise.

(Place de la signature de celui qui porte la plainte.)

IIe. FORMULE.

Réponse portant autorisation d'informer (1).

Soit informé ainsi qu'il est requis : en conséquence et en vertu de l'art. XXVI, titre 3 de l'arrêté du Gouvernement du 19 vendémiaire an 12, nommons pour rapporteur (2) le Cit. (*mettre son nom et son grade, et désigner le corps auquel il appartient*), et lui ordonnons de s'occuper de l'instruction du procès, et de nous rendre compte de ses

(1) Cette réponse doit être mise au bas de la plainte.

(2) Ce rapporteur doit avoir au moins le grade de lieutenant, et être officier d'état-major, ou de gendarmerie, ou de la garnison.

Le même officier ne pourra remplir les fonctions de rapporteur dans deux affaires consécutives. (Art. XVII et XXIII du tit. II de l'arrêté du 19 vendémiaire an 12.)

diligences, afin que nous convoquions le conseil de guerre spécial, et que l'affaire soit jugée sous trois jours, à dater de la présente (3).

Fait à le du mois de an de la république françoise.

(Place de la signature de celui à qui la plainte aura été adressée.)

IIIe. FORMULE.

Réponse pour refuser la permission d'informer (1).

Il n'y a point lieu à informer.

Fait à le du mois de an de la république françoise.

(Place de la signature de celui à qui la plainte aura été adressée.)

IVe. FORMULE.

Cédule pour appeler un témoin. (1).

Nous (*mettre ici le nom et le grade du rapporteur, et désigner le corps auquel*

(3) Si le prévenu n'est pas en état d'arrestation, le commandant d'armes ou du lieu, ou le général de brigade qui aura répondu cette plainte, mettra le lendemain à l'ordre, qu'un tel est prévenu de désertion, que son procès va lui être fait dans les trois jours, et qu'en conséquence il est ordonné à tout militaire de l'arrêter et conduire dans la prison militaire.

Copie de cet ordre du jour sera jointe au procès.

(1) » Cette réponse sera » mise au bas de la plainte; » et dans les vingt-quatre » heures après, le général » de brigade, le comman- » dant d'armes ou du lieu » qui l'aura donnée, en » fera connoître les mo- » tifs au ministre de la » guerre. « (Art. XXV. tit. III de l'arrêté du 19 vendémiaire an 12.)

(1) Les interprètes seront cités de la même manière que les témoins.

il appartient), rapporteur nommé par (*mettre ici le nom et le grade de celui qui l'a nommé*).

Mandons au Cit.(2) (*mettre ici le nom et le grade de l'ordonnance, et désigner le corps auquel elle appartient*), de citer le Cit. (*mettre ici le nom et le grade du témoin, et désigner le corps auquel il appartient; mais si le témoin n'est pas militaire, mettre son nom, son état ou sa profession et son domicile*) à comparoître à heure du (*dire si c'est du matin ou du soir*), le du mois de par-devant nous, à (*désigner le lieu qui doit être celui où le conseil de guerre spécial tiendra sa séance*), pour faire sa déclaration sur les faits et circonstances

(2) Le témoin sera cité par une cédule signée du rapporteur. Elle lui sera remise *par une ordonnance.* (Article XXVIII, titre III de l'arrêté du 19 vendémiaire an 12.)

mentionnés dans la plainte portée contre (*mettre ici les nom, prénoms et garde de l'accusé, et désigner le corps auquel il appartient*).

Ladite ordonnance chargée de notifier la présente citation, préviendra le témoin de s'y conformer, à peine d'y être contraint par les voies de droit, et lui en remettra copie (3).

Donné à le du mois de an de la république françoise, une et indivisible.

(Place de la signature du rapporteur.)

S'il l'ordonnance sait écrire, elle mettra au bas de la cédule ci-dessus:

Cejourd'hui du mois de an (4) j'ai remis au Cit. (*mettre le nom du témoin*), parlant à

(3) Le rapporteur remettra l'original et la copie de chaque cédule à l'ordonnance.

(4) Indiquer l'heure.

sa personne (5) copie de la cédule ci-dessus, et lui ai recommandé de s'y conformer, à peine d'y être contraint; dont acte : et j'ai signé.

Si l'ordonnance ne sait pas écrire, elle fera un rapport verbal au rapporteur, qui en dressera acte au bas de la cédule.

V°. FORMULE.

Taxe du témoin et de l'interprète (1).

Le quartier-maître du (*désigner ici le corps du déserteur*) payera, sur la représentation de la présente, la somme de (2), à (*mettre ici le nom du témoin ou de l'interprète*), lequel a requis taxe pour indemnité, à raison de (3) par jour de voyage et de séjour, étant parti de pour se rendre à lieu de la séance du conseil de guerre spécial, en vertu de

(5) Si l'ordonnance n'a pas trouvé le témoin, copie de la cédule sera laissée à la porte de son logement en présence de deux voisins.

(1) Cette taxe sera faite au bas de la citation par le rapporteur, s'il s'agit d'un témoin, et par le conseil de guerre spécial, s'il s'agit d'un interprète.

(2) cette somme sera payée par le corps auquel l'accusé appartient, et sera prélevée sur le produit des amendes; mais si le corps n'a pas de fonds provenans de ces amendes, il en fera provisoirement l'avance.

(3) Le titre VIII de l'arrêté du 19 vendémiaire an 12, fait connoître les témoins à qui il est dû une indemnité, et la somme à

leur allouer par journée de voyage et de séjour.

La journée de voyage est de 2 myriamètres 2 kilomètres et 222 mètres (cinq lieues.)

Quand aux interprètes, on peut leur allouer jusqu'à 6 fr. par séance entière de jour, et 9 fr. de nuit, non compris la traduction des pièces de conviction, dont le prix sera évalué séparément et suivant la nature du travail.

Le conseil fera, en conséquence, mention dans la taxe, du nombre des séances de jour ou de nuit, etc.

Moyennant cette somme la citation ci-dessus.

Fait à le du mois de an de la république françoise.

(Place de la signature du rapporteur.)

Nota. Le témoin et l'interprète mettront leur acquis au bas de la taxe; et si le témoin ne sait signer, le rapporteur en fera mention.

VIe. FORMULE

Mandat de payement pour le Greffier (1).

Le quartier-maître du *(désigner ici le corps du déserteur)* paiera, sur la représentation du présent, la somme de (2) au Cit. *(mettre ici le nom et le grade du greffier, et désigner le corps auquel il appartient)*, pour la totalité des actes qu'il a rédigés en qualité de greffier du conseil de guerre spécial dans l'affaire du nommé *(mettre ici le nom et le grade du déserteur, et désigner le*

(1) Ce mandat sera délivré et signé par le rapporteur du conseil de guerre spécial.

(2) Cette somme sera de 10 fr. pour chaque affaire jugée contradictoirement, et de 6 fr. pour chaque affaire jugée par contumace; elle sera payée par le corps auquel l'accusé appartient, et sera prélevée sur le produit des amendes: mais si le corps n'a pas de fonds provenans de ces amendes, il en fera provisoirement l'avance.

corps auquel il appartient), jugé le ainsi qu'il conste de l'information et de toutes les pièces du procès, qui ont été inscrites et annexées au registre à ce destiné, et desquels regisre et pièces j'ai fait la remise au conseil d'administration du corps, le du mois de an (3).

Fait à le du mois de an de la république françoise, une et indivisible.

VIIe. FORMULE

Information (1).

L'an de la république françoise, une et indivisible, et le du mois de

Nous (*mettre ici le nom et le grade du rapporteur, et désigner le corps auquel il appartient*), rapporteur nommé par (*mettre ici le nom et*

me, le greffier sera tenu de se fournir et de fournir le conseil de papier, de plumes, d'encre, de canifs et d'écritoires.

(3) Le quartier maître s'assurera, avant de payer, si la remise du registre et des pièces a été faite, de même que celle des copies du jugement à envoyer à qui de droit, et fera mettre au greffier son acquit au bas du mandat.

(1) Il faut qu'elle soit faite sans chiffre, abréviation ni interligne; les changemens se font par renvoi; ils doivent être signés du témoin et du rapporteur.

Les ratures doivent être approuvées. Pour les approuver, il faut les compter, et en les approuvant, marquer le nombre des mots et des lignes raturés. Cette approbation doit être signée du témoin et du rapporteur.

Chaque page de l'information doit être cotée,

paraphée par le rapporteur et signée du témoin.

le grade de celui qui a répondu la plainte) pour informer sur la plainte portée contre (*mettre ici les nom, prénoms, grade de l'accusé, et désigner le corps dont il fait partie*).

Assisté du Cit. (*mettre ici ses nom, prénoms, grade, et désigner le corps auquel il appartient*), dont nous avons fait choix (2) pour être notre greffier, et auquel nous avons fait prêter serment d'en bien et fidèlement remplir les fonctions.

Avons fait venir devant nous (3) (*mettre ici les nom, prénoms, âge, grade, état ou profession du témoin, et en outre faire mention du corps auquel il appartient, et s'il n'est pas militaire, du lieu de son domicile*), lequel, après avoir prêté ser-

» (2) Un officier d'état-» major ou de gendarme-» rie ou de la garnison, » ayant au moins le grade » de lieutenant, fera les » fonctions de rapporteur » et de commissaire du » Gouvernement; *et un* » *sous-officier à son* » *choix, celle de gref-* » *fier.* « (Article XVII, titre II de l'arrêté du 19 vendémiaire an 12).

(3) Les témoins ne doivent pas faire leurs déclarations en présence les uns des autres.

ment entre nos mains de parler sans haine et sans crainte et de dire la vérité, toute la vérité et rien que la vérité, sur le contenu en la plainte, contre le nommé (*mettre ici le nom de l'accusé*), dont nous lui avons fait donner lecture en notre présence par notre greffier, a dit n'être parent, allié (4), serviteur ni domestique du plaignant ni de l'accusé, et a déclaré qu'il connoit le nommé pour avoir été de la compagnie de depuis environ qu'il l'a vu recevoir le prêt, faire le service, passer en revue; qu'il a été présent à ladite compagnie jusqu'au du mois de an que depuis ce jour-là il n'a pas paru, etc.

(*Le témoin doit déclarer tout ce qu'il sait sur le délit et sur ses circonstances.*)

(4) L'art. 358 du Code des délits et des peines, du 3 brumaire an 4, porte :

» Ne peuvent être entendus en témoignage, » soit à la requête de l'accusé, soit à celle de l'accusateur public, soit à » celle de la partie plaignante,

» 1°. Le père, la mère, » l'ayeul, l'ayeule ou autre » ascendant de l'accusé;

» 2°. Son fils, sa fille, » son petit-fils, sa petite-» fille ou autre descendant;

» 3°. Son frère ou sa » sœur;

» 4°. Ses alliés au degré » ci-dessus;

» 5°. Sa femme ou son » mari, même après le divorce légalement pro-» noncé.

» L'accusateur public et » la partie plaignante ne » peuvent pareillement » produire pour témoins » les dénonciateurs, » quand il s'agit de délit » dont la dénonciation est » récompensée pécuniairement par la loi, ou » lorsque le dénonciateur » peut de toute autre manière profiter de l'effet » de sa dénonciation. »

La loi du 15 ventôse an 4 porte, » que les pa-

» rens et alliés d'un des » co-accusés du même fait » et compris dans le même » acte d'accusation, ne se» ront pas entendus com» me témoins contre les » autres accusés ».

Si le témoin est parent ou allié hors du degré prohibé, il faut en faire mention et recevoir sa déposition.

On suivra la même marche s'il est serviteur ou domestique de l'accusé ou du plaignant.

Dans ces deux cas, les juges ont tel égard que de raison aux déclarations de ces témoins.

(5) « Chaque déclara» tion sera signée du té» moin, du rapporteur et » du greffier. Si le témoin » ne sait ou ne veut signer, » il en sera fait mention ». (Article XXX de l'arrêté du 19 vendémiaire an 12).

(6) « Les déclarations des » témoins seront reçues à » la suite les unes des au» tres, sur un seul cahier ». (Art. XXIX, titre III de l'arrêté du 19 vendémiaire an 12.)

(1) S'il y a plusieurs prévenus dans une même affaire, le rapporteur les interrogera séparément.

Lecture faite audit témoin de sa déclaration, a dit qu'elle contient vérité, et qu'il n'a rien à y changer, augmenter ou diminuer, et a signé (5) avec nous et notre greffier.

Avons (6) fait venir ensuite le Cit. etc.

(*Lorsque toutes les déclarations auront été reçues, le rapporteur clorra l'information ainsi qu'il suit :*)

Fait et clos à le du mois de an de la république françoise ; et avons signé avec notre greffier.

(Nota.) Si le conseil de guerre ordonne qu'il soit plus amplement informé, le rapporteur suivra la formule ci-dessus ; mais il aura soin de faire mention, dans son verbal, de l'ordonnance du conseil de guerre spécial, en vertu de laquelle il fait une addition à l'information.

VIIIe. FORMULE.

Interrogatoire (1).

L'an de la république françoise, une

chaque interrogatoire sera rédigé sur un cahier séparé, et de la manière indiquée dans la formule ci-contre.

L'interrogatoire doit être fait sans chiffre, abréviation ni interligne.

Si l'accusé veut y faire des changemens, il en sera fait mention dans la suite de l'interrogatoire.

Les ratures doivent être approuvées.

Pour les approuver, il faut les compter; en les approuvant, marquer le nombre des mots et des lignes raturés. Cette approbation doit être signée de l'accusé et du rapporteur.

Chaque page de l'interrogatoire doit être cotée et paraphée par le rapporteur, et signée de l'accusé. Si celui-ci ne sait ou ne veut signer, il en sera fait mention.

et indivisible, et le du mois

Nous (*mettre ici le nom et le grade du rapporteur, et désigner le corps auquel il appartient*), rapporteur nommé par (*mettre ici le nom et le grade de celui qui l'a nommé*), suivant son ordonnance mise au bas de la plainte à lui portée par (*mettre le nom et le grade de celui qui a porté plainte, et désigner le corps auquel il appartient*) contre (*mettre ici les nom, prénoms et grade de l'accusé, et faire mention du corps dont il fait partie*),

Assistés du Cit. (*désigner son grade et le corps auquel il appartient*) notre greffier. (*Ce citoyen est celui qui a été nommé par le rapporteur, et auquel il a fait prêter serment avant de commencer l'information.*)

Avons fait venir devant nous un homme de la taille de mètre cheveux et sourcils les yeux le visage le nez le menton la bouche et après lui avoir fait donner lecture, par notre greffier, de la plainte ci-dessus relatée, lui avoir demandé ses nom et prénoms, son âge, lieu de naissance, domicile au moment de son entrée au service, son grade et à quel corps il appartient ;

A répondu se nommer être âgé de né à département de domicilié, au moment de son entrée au service, à département de être (*indiquer ici quel est son grade, et le corps auquel il appartient.*)

1er.

Interrogé pourquoi il a été conduit où il est détenu ;

A répondu. . . .

2me.

Interrogé pourquoi il a été arrêté, par qui et en quel endroit.

A répondu. . . .

3me.

Interrogé s'il n'a pas abandonné (2) le (*désigner ici le corps ou le détachement militaire ;*)

A répondu. . . .

4me.

Enquis du lieu d'où il a déserté, et de l'époque de sa désertion;

A répondu. . . .

5me.

Enquis de ce qu'il est devenu depuis qu'il a abandonné ses drapeaux, et ce qu'il a fait ;

A répondu. . . .

6me.

Interrogé s'il n'est pas informé de la rigueur des lois et des

(2) Au lieu de cette demande et de celle qui suit, si l'accusé est déserteur pour n'avoir pas rejoint ses drapeaux, après l'expiration de son congé, on lui fera les deux demandes suivantes :

Interrogé s'il n'avoit pas obtenu un congé limité pour en jouir à compter de jusqu'à

A répondu. . . .

Interrogé pourquoi il a dépassé la durée de ce congé, et n'a pas rejoint dans le délai de faveur après l'expiration dudit congé.

A répondu. . . .

arrêtés du gouvernement contre les déserteurs ;

A répondu. . . .

7me.

Interrogé s'il ne sait pas que tout sous-officier ou soldat qui abandonne son corps sans permission, ou qui ayant obtenu un congé, ne rejoint pas après l'expiration dudit congé, est réputé déserteur ;

A répondu. . . .

Interrogé (*les demandes à faire après celles ci-dessus, doivent porter sur l'espèce et sur les circonstances de la désertion de l'accusé. Le rapporteur représentera à l'accusé les preuves matérielles du délit, s'il y en a; lui demandera s'il les reconnoît, et après avoir reçu ses réponses, il terminera l'interrogatoire ainsi qu'il suit :*

Lecture à lui faite de ses réponses, a dit qu'elles contiennent vérité, et qu'il n'a rien à y changer, augmenter ni diminuer, et a signé (3) avec nous et notre greffier.

IXe. FORMULE.

Jugement du Conseil de guerre spécial portant condamnation (1).

AU NOM DU PEUPLE FRANÇOIS.

Aujourd'hui (*mettre la date du mois et de l'année*) de la république françoise,

Le conseil de guerre spécial séant à dans la division (*indiquer si c'est une division militaire de l'intérieur ou d'une armée*), créé par l'arrêté du Gouvernement en date du 19 vendémiaire an 12, et composé, conformément

(3) Si l'accusé ne sait ou ne veut signer, il en sera fait mention, et l'interrogatoire sera clos par la signature du rapporteur et de son greffier.

(1) Le conseil de guerre spécial ne connoîtra que du crime de désertion, et des circonstances aggravantes exprimées dans l'arrêté du 19 vendémiaire an 12.

Son jugement n'est sujet ni à appel ni à cassation, ni à révision, il doit être inscrit sur un registre à ce destiné, et appartenant au corps du prévenu. Le conseil d'administration sera dépositaire de ce registre. Il ne s'en déssaisira qu'entre les mains des rapporteurs nommés pour instruire les procès des déserteurs du corps, et chaque rapporteur lui en fera la remise dès que le jugement aura été rendu, et que l'information, l'interrogatoire et toutes les autres pièces du procès qui doivent y être annexées, y auront été incrites par le greffier.

Une fois assemblé, le conseil de guerre spécial ne pourra désemparer avant d'avoir jugé le procès pour lequel il aura été convoqué, excepté le cas où il trouveroit que l'instruction n'est pas complette; alors il ordonnera un plus ample informé, qui ne pourra être prolongé au-delà de deux fois vingt-quatre heures.

(2) Le conseil de guerre sera composé de sept membres; savoir:

Un officier supérieur,
Quatre capitaines,
Deux lieutenans.

(3) Les membres du conseil de guerre seront nommés par le commandant d'armes ou du lieu; et à l'armée, par le général de brigade sous les ordres duquel sera le corps de l'accusé.

Ils seront pris dans les différens corps de la garnison; et à l'armée, dans les différens corps sous les ordres d'un même général de brigade.

Ils seront commandés à tour de rôle, et à l'ordre, par ledit commandant d'armes ou général de brigade, la veille du jour où le conseil devra se réunir.

S'il n'y avoit dans la place, ou sous les ordres du général de brigade, que le corps de l'accusé, les membres du conseil de guerre spécial seroient tous

à cet arrêté, des cit. (2) (*mettre les noms et les grades des sept juges*) le Cit. (*mettre le nom et le grade du rapporteur*) faisant les fonctions de rapporteur, et le commissaire du Gouvernement, tous nommés (3) par le Cit. (*mettre le nom et le grade du commandant d'armes ou du lieu, ou du général de brigade qui aura nommé les juges*), assisté du Cit. (*mettre le nom et le grade du greffier*), greffier nommé par le rapporteur;

Lesquels ne sont parens ou alliés, ni entre eux ni du pré-

pris dans ce corps; et s'il n'y en avoit pas assez pour former ledit conseil, il en seroit appelé un nombre suffisant de la troupe voisine.

Aucun des membres qui l'auront composé, ne pourra être appelé de nouveau à un conseil de guerre spécial, qu'à son tour de rôle.

(4) L'ascendant et le descendant en ligne directe, l'oncle et le neveu, les cousins au premier degré et les alliés à ces divers degrés, ne peuvent être simultanément membres du même conseil de guerre spécial.

(5) Les conseils de guerre tiendront leurs séances chez le commandant d'armes de la place, qui sera tenu de chauffer et éclairer le lieu de la séance, et de fournir au conseil les tables et siéges nécessaires, sans qu'il puisse, pour cela, réclamer aucune somme ni dédommagement.

Dans les lieux où il n'y aura pas de commandant d'armes en titre, la séance se tiendra à l'hôtel de la mairie et aux frais de la commune;

A l'armée, sous une

venu, au degré prohibé par les lois (4).

Le conseil, convoqué par l'ordre du (*mettre ici le nom et le grade de celui qui aura nommé les juges*), s'est réuni à (5) (*désigner l'endroit*), à l'effet de juger (*mettre ici les nom, prénoms, profession ou grade et corps de l'accusé, son lieu de naissance, son domicile avant d'entrer au service et son signalement*).

La séance ayant été ouverte, le président a fait apporter par le greffier, et déposer devant lui sur le bureau, un exemplaire de l'arrêté précité du 19 vendémiaire an 12, et a demandé ensuite au rapporteur la lecture de la plainte, du procès-verbal d'information, et de toutes les pièces, tant à charge qu'à décharge envers l'accusé, au nombre de (*mettre ici le nombre des pièces*).

Cette lecture terminée, le conseil a délibéré sur l'etat de la procédure (6), et, ayant trouvé que l'instruction étoit complète (7), le président a ordonné à la garde d'amener l'accusé, lequel a été introduit libre et sans fers devant le conseil, accompagné de son défenseur officieux.

Interrogé de ses nom, prénoms, âge, état, grade, lieu de naissance, domicile avant d'entrer au service; a répondu (*mettre ici la réponse de l'accusé*).

Après avoir donné à l'accusé connoissance des faits à sa charge, lui avoir fait prêter interrogatoire par l'organe de son président, avoir entendu séparément les té-

tente qui sera dressée à cet effet.

(6) Si l'instruction n'est pas complette, le conseil s'exprimera ainsi qu'il suit :

« Et ayant trouvé que l'instruction n'étoit pas complette, a ordonné qu'il sera plus amplement informé. En conséquence, enjoint au rapporteur de recevoir les dépositions de (*désigner les témoins*), ou d'informer sur les faits suivans (*mentionner ces faits*), ou de se procurer les pièces ci-après (*désigner ces pièces*), dans le délai de (*dire dans combien d'heures et ne pas dépasser le nombre de quarante-huit*), à l'expiration duquel délai le conseil de guerre spécial reprendra sa séance.

» Fait en séance publique, à les jour, mois et an que dessus; et les membres du conseil ont signé avec le rapporteur et le greffier ».

(7) Si, outre le crime de désertion, le conseil trouve que l'accusé en a commis un plus sévèrement puni par les lois, il renverra l'accusé, la procédure et les pièces du procès par-devant le tri-

bunal compétent, et il en rendra compte au ministre de la guerre. Dans ce cas, il s'exprimera ainsi qu'il suit :

» Cette lecture terminée, le conseil de guerre, considérant que ledit (*mettre ici les nom et prénoms de l'accusé*), accusé de désertion (*énoncer l'espèce et les circonstances de la désertion dont il s'agit*); est en outre prévenu de (*faire mention des faits dont il est prévenu*); considérant que ce crime est plus grave que celui de la désertion dont il s'agit, attendu qu'il est puni de par la loi du (*citer l'article et la date de la loi*), et que celui de la désertion dont il est ici question, est puni seulement de quinze cents francs d'amende et de (*indiquer la peine suivant l'article*), titre de l'arrêté du 19 vendémiaire an 12;

» Ordonne, conformément à l'article XXXIV, titre III du dit arrêté, que l'accusé, la procédure et les pièces du procès seront envoyés par devant le (*indiquer quel est ce tribunal*), et que, séance tenante, le conseil de guerre

moins (*s'il y a des pièces de conviction, on ajoutera :* représenté les pièces de conviction);

Ouï le rapporteur dans ses conclusions, et l'accusé dans ses moyens de défense, tant par lui que par son défenseur officieux, lesquels ont déclaré n'avoir rien à ajouter à leurs moyens de défense, le président a demandé aux membres du conseil s'ils avoient des observations à faire; sur leur réponse négative, le président, au nom et de l'avis du conseil, a posé les questions (8) ainsi qu'il suit:

Le nommé (*mettre le nom et les prénoms de l'accusé*) qualifié ci-dessus, est-il convaincu de s'être rendu coupable du crime de désertion ?

A-t-il déserté (*mettre ici si c'est à l'ennemi, ou aux rebelles, ou à l'étranger, ou à l'intérieur*) ?

A-t-il déserté (*étant en faction ou avec armes, ou, etc.*) (9)?

Les questions ayant été définitivement posées en public et en présence de l'accusé, le président a ordonné au défenseur et à l'accusé de se retirer. L'accusé a été reconduit par son escorte à la prison, le greffier et les citoyens assistans dans l'auditoire, se sont retirés sur l'invitation du président.

Le conseil après avoir délibéré à huis

spécial en rendra compte; au ministre de la guerre

» Charge au surplus le rapporteur de faire exécuter le présent jugement dans tout son contenu.

» Fait à etc.

(8) Si deux ou plusieurs sous-officiers ou soldats sont accusés d'avoir déserté ensemble, ou d'avoir formé le projet de déserter, il faudra poser séparément pour chacun d'eux les questions de culpabilité.

(9) les questions relatives aux circonstances de la désertion, seront présentées chacune séparément, sans qu'il soit nécessaire de commencer par les plus aggravantes.

clos, en présence seulement du commissaire du Gouvernement, le président ayant recueilli les voix, en commençant par le grade inférieur et par le moins ancien dans chaque grade, et ayant émis son opinion le dernier, (10) le conseil déclare à la majorité de (11) (*quatre, cinq, six voix, ou à l'unanimité*) que le nommé (*mettre le nom et les prénoms de l'accusé*) est coupable,

1°. de (*il faut mettre ici, à la suite les unes des autres, les réponses du conseil sur les questions posées.*)

Sur quoi le commissaire du Gouvernement a fait son réquisitoire pour l'application de la peine.

Les voix recueillies de nouveau par le président, dans la forme

(10) Chacun des juges émettra son opinion par écrit et la signera, c'est-à-dire que chaque juge écrira son opinion sur une feuille de papier, autre que celle sur laquelle le jugement sera écrit. Cette feuille sera jointe au dossier du procès, et transcrite, comme les autres, sur le registre dont il a été parlé ci-dessus.

(11) Le jugement sera rendu à la majorité absolue des voix. (Art. XL, titre III. de l'arrêté du 19 vendémiaire an 12.)

indiquée ci-dessus: le conseil, faisant droit sur ledit réquisitoire, condamne, à la majorité de (*quatre, cinq, six voix, ou à l'unanimité*) le nommé (*mettre ici le nom, les prénoms, l'état et le grade de l'accusé*) à la peine de (12) (*indiquer la peine*) et à l'amende de quinze cents francs, conformément aux articles de l'arrêté du 19 vendémiaire an 12, conçus ainsi que suit: (*insérer ici tout au long ces articles.*)

Ordonne que l'information et autres pièces du procès seront transcrites sur le présent registre, et qu'elles y seront annexées;

Ordonne qu'il sera fait par notre greffier quatre copies du présent jugement; savoir, deux pour le ministre de la guerre (13), une

(12) Il est expressément défendu au conseil de guerre spécial, sous peine de forfaiture, de commuer ni diminuer les peines portées contre les déserteurs, par l'arrêté du 19 vendémiaire an 12, art. XLI, titre III dudit arrêté.

(13) Ces copies seront envoyées dans la huitaine qui suivra la condamnation, au ministre de la guerre, par le commandant du corps du condamné, qui les fera préalablement certifier conformes à l'original par le commandant d'armes ou du lieu, ou par le général de brigade qui aura assemblé le conseil de guerre spécial.

Il faut que ces copies soient bien écrites et faites de manière qu'après le certifié conforme à l'ori-

pour le général de la division (14), et une pour être déposée au lieu où sera détenu le condamné ;

Enjoint au rapporteur de faire exécuter ledit jugement dans tout son contenu, excepté en ce qui concerne l'amende de quinze cents francs, dont le payement sera poursuivi à la diligence de l'administration des domaines et de l'enregistrement, conformement aux dispositions de l'article précité.

Fait, clos et jugé sans désemparer, en séance publique, les jour, mois et an que dessus; et les membres du conseil ont signé avec le rapporteur et le greffier la minutte du présent jugement (15).

(*Ici les juges, le rapporteur et le greffier signent.*)

ginal, il reste au moins une demi-page de papier en blanc, afin que le ministre de la guerre puisse légaliser celle de ces copies qu'il doit envoyer à l'administration des domaines et de l'enregistrement, pour faire poursuiver le payement de l'amande de quinze cents francs.

(14) La copie pour le général de la division et celle qui doit être déposée au lieu où sera détenu le condamné, seront également certifiées conformes à l'original, par le commandant d'armes ou du lieu, ou par le général de brigade qui aura assemblé le conseil de guerre. Le rapporteur fera la remise de cette dernière au lieu indiqué, et le commandant du corps enverra l'autre au général de la division.

(15) Le rapporteur fera exécuter le jugement dans les vingt-quatre heures.

Xᵉ. FORMULE.

Jugement du conseil de guerre spécial, portant absolution du crime de désertion, et mise en liberté de l'accusé.

Cejourd'hui (*Il faut suivre la formule du jugement du conseil de guerre, portant condamnation, jusqu'à l'alinéa qui commence, ainsi que l'alinéa suivant de la présente formule.*)

Le conseil, après avoir délibéré à huis clos, en présence seulement du commissaire du Gouvernement, le président ayant recueilli les voix, en commençant par le grade inférieur et par le moins ancien dans chaque grade, et ayant émis son opinion le dernier, le conseil déclare, à la majorité (1) de (*de quatre, cinq, six voix, ou à l'unani-*

(1) Le jugement sera rendu à la majorité absolue des voix. (Art. XL du titre III.)

mité) que le nommé (*mettre le nom, les prénoms, l'état et le grade de l'accusé*), n'est pas coupable,

1°. De (*il faut mettre ici, à la suite les unes des autres, les réponses du conseil sur les questions posées.*)

Sur quoi le commissaire du Gouvernement ayant été entendu, les voix de nouveau recueillies par le président, dans la forme indiquée ci-dessus,

Le conseil de guerre spécial déclare que (*mettre ici les nom et prénoms et le grade de l'accusé*) est acquitté de l'accusation dirigée contre lui (2); ordonne qu'il sera mis en liberté et renvoyé à son corps pour y continuer son service;

Ordonne que l'information et les autres pièces du procès se-

(2) Si l'acquitté est prévenu d'un autre délit moins grave, et dont la répression n'est pas du ressort du conseil de guerre spécial, le conseil, après l'avoir acquitté du crime de désertion, le renverra

au tribunal ou chef militaire compétent, auquel l'information et les autres pièces du procès, après avoir été transcrites sur le registre, seront adressées, avec copie du jugement.

ront transcrites sur le présent registre, et qu'elles y seront annexées;

Ordonne en outre que copie du présent jugement sera adressée, sous huitaine, au ministre de la guerre, et au général commandant la division, par le chef du (*indiquer le corps auquel*) *l'acquitté appartient*), et charge le rapporteur de le faire exécuter dans tout son contenu.

Fait, clos et jugé sans désemparer, en séance publique, à les jour, mois et an que dessus ; et les membres du conseil ont signé avec le rapporteur et le greffier.

(*Les juges et le rapporteur signent ici, et le greffier après eux.*)

DES CONTUMAX.

Les formalités à suivre envers les contumax, sont les mêmes que celles prescrites envers les accusés présens, avec cette différence pourtant, que lorsque l'accusé est contumax, la formule de l'interrogatoire devient inutile, et qu'il faut omettre des autres formules tout ce qui suppose l'accusé présent en tout ce qui peut se faire en sa présence. Il faut en outre faire mention dans le jugement, que l'accusé est contumax.

La contumace ne peut se purger que devant un conseil de guerre spécial, assemblé dans le lieu où se trouve le corps ou le détachement auquel l'accusé appartient.

Si le condamné par contumace se constitue prisonnier, ou s'il est pris ou arrêté, le jugement rendu et les procédures faites contre lui par suite de la plainte et de l'ordonnance portant permission d'informer, sont anéantis de plein droit; et il est procédé à nos égard dans la forme indiquée pour les accusés présens.

Dans ce cas, la plainte et l'ordonnance portant permission d'informer, doivent être présentées, par le chef dudit corps ou détachement, au commandant d'armes ou du lieu, si c'est dans l'interieur de la république, et au général de brigade sous les ordres duquel il est, si c'est à l'armée, pour qu'il nomme un nouveau rapporteur et le charge d'instruire le procès contradictoirement.

Le Ministre de la guerre ordonne que les formules et instructions ci-dessus seront suivies, tant aux armées que dans les divisions militaires de l'intérieur de la république, et qu'elles seront imprimées et annexées aux exemplaires de l'arrêté du 19 vendémiaire an 12, concernant les dépôts de conscrits réfractaires, la composition et la compétence des conseils de guerre spéciaux, la procédure de ces conseils et les peines contre la désertion.

Fait à Paris, le 22 du mois de frimaire an 12 de la république française.

Signé, ALEX. BERTIER.

Ordonnances et Instructions Militaires qui se trouvent chez le même Libraire, et dont la connoissance est indispensable à tous les Officiers et Sous-Officiers.

Pour l'infanterie.

Réglement concernant l'exercice et les manœuvres de l'Infanterie du premier Août 1791, 2 vol. in-12 dont 1 de planches. 5 f.

Extrait du même Réglement, contenant l'école du soldat et l'école du peloton, in-12. 1 f.

Réglement provisoire sur le service de l'Infanterie en campagne, du 5 Avril 1792, in 12. 1 f. 50 c.

Réglement concernant la police et la discipline de l'Infanterie, du 24 Juin 1792. 1 f.

Pour la Cavalerie.

Instruction concernant les manœuvres des troupes à cheval, rédigée sur les ordonnances actuellement en activité, an 10, 2 vol. in-12 dont un composé de 52 planch. 9 f.

École du cavalier, contenant les 9 premières leçons, depuis la position de l'homme jusqu'à l'école de l'escadron, 1 vol. in-12. avec planches (et supplément). 3 f.

Instruction de détail basée sur l'ordonnance de 1788, suivie à l'école de Versailles, in-8. 2 f. 50 c.

École du cavalier à pied, par demandes et par réponses, pour servir d'introduction à l'instruction détaillée, concernant les manœuvres de la cavalerie, mise en pratique à l'école d'équitation de Versailles, avec 2 planches, représentant toutes les sortes de mors, 1 vol. in-8. 1 f.

Livret de commandemens pour les évolutions des troupes à cheval, in-12. 1 f. 20 c.

Réglement sur le service des troupes à cheval en campagne, du 12 août 1788 in-12. 1 f. [illegible] c.

Réglement concernant la police des troupes à cheval, du 24 juin 1792. 1 f.

Extrait dudit Réglement, in-12. 40 c.

Pour toutes les Armes.

Ordonnance pour régler le service dans les places et dans les quartiers, du premier Mars 1768, in-12. 1 f. 50 c.

Loi du 10 Juillet 1791, et suivantes, concernant le logement et le casernement de troupes, in-12. 1 f.

Code pénal militaire, ou loix concernant la justice militaire. 1 f. 20 c.

Extrait du même, concernant les délits et les peines pour les troupes de la République, et extrait de la loi du 19 fructidor an 6, sur la conscription militaire, couvert en parchemin. 25 c.

Loix du 14 Germinal, an 3, et suivantes, concernant l'avancement. 80 c.

Loix relatives à la solde des troupes, des 23 et 25 Floréal, an 6, in-12. 25 c.

Arrêté des Consuls, contenant le Réglement sur l'administration et la comptabilité des corps, du 8 Floréal, an 8, in-8, avec tous les modèles y relatifs. 2 f. 50 c.

Arrêté sur les revues d'inspection générale des troupes, du 15 brumaire an 10, et instructions y relatives. 50 c.

Arrêté sur les Revues, du 26 Ventôse, an 8, in-8. 1 f.

Instruction destinée aux troupes légères et aux officiers qui servent dans les avant-postes, rédigée sur celle de Frédéric II. 1 f. 20 c.

Loi du 28 Fructidor, an 7, sur la solde de retraite pour l'armée de terre; du 4 Germinal, an 8, qui organise le corps des vétérans nationaux; des 19 et 26 Frim. an 9, relatifs aux solde de retraite et admission aux invalides, in-12. 40 c.

Arrêtés des 4 Germinal et 24 Thermidor, an 8, concernant l'établissement et la police des Hôpitaux militaires. 1 f. 50 c.

Réglement du premier Floréal, an 8, concernant le chauffage des troupes, et les bois et lumières des corps de garde, in-12. 60 c.

Réglement du 25 Fructidor, an 8, concernant les troupes en marche dans l'intérieur de la République, in-12. 60 c.

Réglement du 7 Thermidor, an 9, sur les demandes et l'entretien des armes portatives, in-12. 50 c.

Manuel des conseils de guerre, an 8, in-12. 3 f.

Instruction pour les commissaires des guerres, in-8. 3 fr.

Manuel des Sous-Officiers et Soldats, in-18. 80 c.

Instruction sur le service dans les Places, in-18, contenant 11 articles. 30 c.

Manuel des conscrits et des fonctionnaires chargés de l'exécution des loix sur le recrutement, ou Recueil méthodique et analytique des loix, arrêtés, réglemens, décisions et circulaires relatives à la conscription, au recrutement, et aux dispenses de service militaire, 1 vol. in-8. 2 f.

Instruction du Ministre de la guerre du 24 Brumaire an 12 sur l'exécution des dispositions du code civil applicables aux militaires de toute arme. 30 c.

www.ingramcontent.com/pod-product-compliance
Ingram Content Group UK Ltd.
Pitfield, Milton Keynes, MK11 3LW, UK
UKHW022127170726
13837UKWH00003B/1410

9 782329 259314